Marie Zürker (Hg.)

Ein Licht durchbricht die Dunkelheit

Marie Zürker (Hg.)

Ein Licht durchbricht die Dunkelheit

Weihnachtliche Texte

Kaufmann Verlag

Bibliografische Information der deutschen Bibliothek
Die Deutsche Bibliothek verzeichnet diese Publikation
in der Deutschen Nationalbibliografie; detaillierte bibliografische
Daten sind im Internet über http://dnb.ddb.de abrufbar.

1. Auflage 2015

Coverabbildung: ©by-studio, Fotolia.com
Druck und Bindung: CPI books, Ulm

ISBN 978-3-7806-3160-2

Inhalt

Vorwort 9

Warten auf das Licht

Mache dich auf *Jes 60,1–6* 12
Zeit der Vorbereitung *Christian Morgenstern* 13
Du darfst nicht warten *Rainer Maria Rilke* 13
So werden, wie ich von Anfang an gemeint bin
Pierre Stutz 14
Ziele im Advent *Augustinus von Hippo* 17
Die Rückkehr der Zerstreuten des Volks *Jes 11,1–9* . . . 18
Zündet die Lichter an *Thomas von Kempen* 19
Spuren im Schnee *Oliver Kohler* 20
Christus kommt wieder *Johann Christoph Blumhardt* . . 24
Advent *Karl Gerok* 26
Die Nacht ist vorgedrungen *Jochen Klepper* 28
Herr, lass Weihnachten werden *Unbekannt* 30
Christrose *Unbekannt* 31
Wunschzettel *Christa Spilling-Nöker* 32
Gott ist dir nahe *Meister Eckhart* 34
Das Licht in uns *Paracelsus* 35

Ein Licht kommt in die Welt

Wir sind ihm nötig *Eugen Drewermann* 38
Weihnachten: Licht *Unbekannt* 39
Die Antwort *Unbekannt* 40
Barmherzigkeit üben, Gerechtigkeit suchen
Nikolaus Schneider 41
Gott wird Mensch *Jörg Zink* 44
Das Gotteskind *Margret Roeckner* 45
Vom Himmel hoch, da komm ich her *Martin Luther* . . 48
Es kommt ein Schiff *Johannes Tauler* 50
Weihnachtspredigt *Nikolaus Schneider* 51

Zeit und Ewigkeit *Jörg Zink* 54
Wenn du zum Kind gehst *Unbekannt* 56
Freude herrscht unter den Menschen
Aus Lateinamerika 57
Jesu Geburt *Lk 2,1–20* 58
Loben will ich – seine große Sehnsucht
Elisabeth Bernet 60
Auf ihr Hirten von dem Schlaf
Weihnachtslied aus dem Wallis 62

Das Licht der Weihnacht

Lebenserinnerungen eines deutschen Malers
Ludwig Richter 64
Hörst auch du die leisen Stimmen? *Ada Christen* 66
Ein Weihnachtsbrief
Johann Wolfgang von Goethe 67
Bald ist es Weihnacht *Joachim Ringelnatz* 68
Winternacht *Christian Morgenstern* 69
Es weihnachtet sehr *Theodor Storm* 70
Das Christkind *Robert Reinick* 72
O schöne, herrliche Weihnachtszeit
Hoffmann von Fallersleben 73
Weihnachten *Adelheid Humperdinck-Wette* 74
Die Weihnachtskrippe daheim *Christoph von Schmid*. . 76
Fest für die Menschheit *Unbekannt* 78

Das Licht in die Welt tragen

Ein Weg fängt an *Andrea Schwarz* 80
Miteinander *Augustinus von Hippo* 81
Von guten Mächten *Dietrich Bonhoeffer* 82
Nun lasst uns gehn und treten *Paul Gerhardt* 84
Freut euch des Herrn *Samuel Gottlieb Bürde* 85
Möge ein Engel vor dir hergehen
Christa Spilling-Nöker 86

Das neue Jahr *Johann Wolfgang von Goethe* 89
Will das Glück nach seinem Sinn *Wilhelm Busch* 90
Ein bisschen mehr *Peter Rosegger* 91
Ein Jahr des Lichtes
Wünsche eines Dorfpfarrers aus Mecklenburg 92
Vertrau auf Gott *Friedrich Wilhelm Weber* 93
Wir tragen dein Licht *Rolf Krenzer* 94
Neu anfangen *Johann Wilhelm Wilms* 95

Quellenverzeichnis 96

Vorwort

Die Zeit vor Weihnachten ist die Zeit der Lichter, die unser Leben heller macht. Sie ist aber auch eine Zeit, in der wir gewollt oder ungewollt mit den Dingen konfrontiert werden, die wesentlich in unserem Leben sind. Nicht wenige blicken besorgt auf Weihnachten, weil ihnen in dieser Zeit besonders bewusst wird, was ihnen im Leben fehlt.

Aber vielleicht ist diese Zeit gerade deswegen eine besondere Zeit. Weil sie uns wieder auf das zurückwirft, was wirklich wichtig ist. Wenn wir uns darauf einlassen, dann kann diese Zeit eine heilsame Zeit werden. Mit jedem Licht, das wir am Adventskranz anzünden, kann es auch in unserem Leben und in unserer Seele heller werden. Wenn wir vertrauen und uns dem Wunder der Heiligen Nacht öffnen.

Vielleicht merken wir dann, wie sich der Blick auf unser Leben erhellt. Vielleicht geht uns aber auch ein Licht auf, wie wir unser Leben so gestalten können, dass es immer mehr unseren Wünschen und Sehnsüchten entspricht.

Viel Freude beim Lesen!

Marie Zürker

Warten auf das Licht

Mache dich auf

Mache dich auf, werde licht! Denn dein Licht kommt, und die Herrlichkeit des Herrn geht auf über dir. Denn siehe, Finsternis bedeckt das Erdreich und Dunkel die Völker; aber über dir geht auf der Herr, und seine Herrlichkeit erscheint über dir. Und die Völker werden in deinem Lichte wandeln und die Könige im Glanz, der über dir aufgeht.
Hebe deine Augen auf und siehe umher: Diese alle versammeln sich und kommen zu dir. Deine Söhne werden von ferne kommen und deine Töchter auf dem Arme hergetragen werden. Dann wirst du es sehen und strahlen, und dein Herz wird sich wundern und weit werden, wenn sich die Menge am Meer zu dir bekehrt und die Macht der Völker zu dir kommt. Denn die Menge der Kamele wird dein Land bedecken, die jungen Kamele aus Midian und Epha. Sie alle werden aus Saba kommen, Gold und Weihrauch bringen und die Taten des Herrn verkündigen.

Jes 60,1–6

Zeit der Vorbereitung

Nur im vorbereiteten Herzen
kann ein neuer Gedanke Wurzeln fassen
und groß werden.
Sich vorbereiten,
sich zubereiten,
den Acker lockern für das beste Korn,
ist alles.

Christian Morgenstern

Du darfst nicht warten

Du darfst nicht warten, bis Gott zu dir geht
und sagt: Ich bin.
Ein Gott, der seine Stärke eingesteht,
hat keinen Sinn.
Du musst wissen, dass dich Gott durchweht
seit Anbeginn,
und wenn dein Herz dir glüht und nichts verrät,
dann schafft er drin.

Rainer Maria Rilke

So werden, wie ich von Anfang an gemeint bin

Adventszeit ist Erwartungszeit, nicht Vertröstungszeit. Sie will zum Aufbruch bewegen, zu mehr Menschlichkeit. Gottes Ankunft ereignet sich in jedem Menschen, der mehr er selbst wird, der seine Aufgabe auf dieser Welt deutlicher entdeckt und lebt.

Da kommt Gott ihm und uns entgegen als innere Lebenskraft, die immer schon da ist! Doch ohne bewusste Achtsamkeit lebe ich an dieser hoffnungsstiftenden Wirklichkeit vorbei. Darum ist für mich ein adventlich-spiritueller Mensch – eine Frau, ein Mann, ein Jugendlicher, ein Kind – der/die alltäglich wahrnimmt, was sie erlebt, was ihn beängstigt, was sie ermutigt, was ihn verunsichert, was seine Hoffnung nährt, was ihn empört. Adventliche Menschen stiften einander an, den Alltagserfahrungen zu trauen, ohne sie zu bewerten oder zu beurteilen. Das ist ein anspruchsvolles Unterfangen, das wir nie „im Griff haben", sondern das jeden Tag neu im Werden ist. Es bedeutet, mit einem wohlwollenden Blick sich, den anderen, der Welt zu begegnen. Dieser Blick für das Wesentliche und für das Verbindende lebt aus dem Vertrauen, dass das Bild Gottes in uns allen wirkt und wohnt. Der holländische Mystiker Jan van Ruusbroec (1293–1381), dessen Gedenktag am 2. Dezember gefeiert wird, spricht von dieser sehr persönlichen und zugleich verbindenden Gegenwart Gottes in allem:

„Das Bild Gottes ist in allen Menschen
wesentlich und persönlich vorhanden.
Jeder besitzt es ganz,
vollständig und ungeteilt,
und alle zusammen
besitzen doch nur ein Bild.
Auf diese Weise sind wir alle eins,
innig vereint in unserem ewigen Bilde,
welches das Bild Gottes
und der Quell
all unseres Lebens in uns ist."

Darum kann jede und jeder, der seinen inneren Bildern traut und darin Gottes Bild erahnt, ein prophetischer Mensch werden.
Ein Mensch, der Visionen hat und aufzeigt, wie es anders sein kann.
Ein Mensch, der seiner Intuition traut und darin das Verbindende mit anderen sucht.
Ein Mensch, der seine Fähigkeiten entfaltet, um solidarischer zu werden.

Ein Mensch, der mit anderen zusammen Widerstand wagt, wenn Menschen ausgegrenzt werden.
Ein Mensch, der konstruktive Kritik einbringt, indem er/sie von sich selber ausgeht.
Ein Mensch, der Entfaltungsräume für seine Seele schafft, damit in dieser Leere Gott ihn noch mehr erfüllen kann.
Der Einsatz für die Menschenrechte, gegen Fremdenfeindlichkeit und Ausbeutung, ist die notwendige Konkretisierung dieses mystischen Zuspruchs, der Gottes Bild in jedem Menschen entdecken lässt.

Pierre Stutz

Ziele im Advent

Unruhestifter zurechtweisen,
Kleinmütige trösten,
sich der Schwachen annehmen,
Gegner widerlegen,
sich vor Nachstellern hüten,
Ungebildete lehren,
Träge wachrütteln,
Händelsucher zurückhalten,
Eingebildeten den rechten Platz anweisen,
Streitende besänftigen,
Armen helfen,
Unterdrückte befreien,
Gute ermutigen,
Böse ertragen und – ach –
alle lieben.

Augustinus von Hippo

Die Rückkehr der Zerstreuten des Volks

Und es wird eine Rute aufgehen von dem Stamm Isais und ein Zweig aus seiner Wurzel Frucht bringen, auf welchem der Geist des Herrn ruhen wird, der Geist der Weisheit und des Verstandes, der Geist des Rates und der Stärke, der Geist der Erkenntnis und der Furcht des Herrn. Und Wohlgeruch wird ihm sein die Furcht des Herrn. Er wird nicht richten nach dem, was seine Augen sehen, noch Urteil sprechen nach dem, was seine Ohren hören, sondern wird mit Gerechtigkeit richten die Armen und rechtes Urteil sprechen den Elenden im Lande und wird mit dem Stabe seines Mundes die Erde schlagen und mit dem Odem seiner Lippen den Gottlosen töten. Gerechtigkeit wird der Gurt seiner Lenden sein und der Glaube der Gurt seiner Hüften. Die Wölfe werden bei den Lämmern wohnen und die Panther bei den Böcken liegen. Ein kleiner Knabe wird Kälber und junge Löwen und Mastvieh miteinander hüten. Kühe und Bären werden auf der Weide gehen, dass ihre Jungen beieinanderliegen; und Löwen werden Stroh essen wie die Ochsen. Und ein Säugling wird seinen Spaß am Schlupfloch der Otter haben, und ein Kind wird seine Hand stecken in die Höhle des Basilisken. Man wird niemand Schaden tun noch verderben auf meinem ganzen heiligen Berge; denn das Land ist voll Erkenntnis des Herrn, wie Wasser das Meer bedeckt.

Jes 11,1–9

Zündet die Lichter an

Diese Nacht darf nicht einsam sein
und nicht ohne Lobgesang.
Sie darf nicht dunkel bleiben,
sondern werde erhellt
vom himmlischen Licht;
zahllose Lichter sollen angezündet werden
in der ganzen Christenheit!

Thomas von Kempen

Spuren im Schnee

Manchmal wünsche ich mir,
dass meine Spuren einfach verschwinden:
peinliche Sätze,
nutzlose Vorbehalte,
verletzende Worte,
maßlose Kritik,
berechnende Feigheit,
heimliche Gier.
Meine Irrwege hinterlassen Spuren
der Enttäuschung und Wut.
Am Fenster stehend,
schaue ich den Flocken zu.
Aus nächtlichen Wolken
verhüllen sie das Land.
Morgen sind alte Fußtritte nicht länger sichtbar.

Alles wird weiß sein
und bereit für bessere Wege.
Man sagt,
Gott lässt es schneien auf unsere Verirrungen.
Er hat Freude daran,
sie aus der Welt zu schaffen.
Seine Liebe verkleidet sich gerne,
damit sie für unsere Augen sichtbar wird.
Die Landschaft des Lebens
bekommt eine neue Chance.

Der Schnee ist Gottes Antwort,
wenn es in mir dunkelt.
Neuschnee fiel über Nacht.
Die Wege durch den Wald
sind nur noch zu ahnen.
Die breiteren Bahnen
zwischen den Bäumen
bilden eine einzige weiße Fläche.
Wer jetzt unterwegs ist,
sinkt weit über die Knöchel ein.

Ein gemeinsamer Gang führt meistens dazu,
dass einer vorangeht.
Mit seinen Schritten
bahnt er eine Spur.
Es ist richtig komfortabel,
die Füße in die tiefen Schrittkuhlen
des Vorgehers zu setzen.
Er hat die ganze Mühe,
den Schnee niederzudrücken
und die vereiste oberste Schicht zu bezwingen.
Solche Kraftakte kann man sich sparen,
wenn ein anderer die Spur formt.
Eine Erleichterung ist dies, ja,
bald aber können andere Erfahrungen
und Empfindungen dazukommen.
In den Tritten eines anderen zu gehen,
verursacht eigene Mühen.

Der Abstand der Schritte zueinander
und die Breite des Gangs passen eigentlich
nur zu ihm.
Jeder Mensch entwickelt eine eigene Schrittfolge
und sein unverwechselbares Gangbild.
Je länger ein Weg währt,
umso mühsamer kann es werden,
nicht im eigenen Maß zu sein.
Der Lebensweg ähnelt einem solchen Schneegang.
Manchmal bringen die Vorschritte
anderer Menschen
Fortschritte in der eigenen Entwicklung.
Es erleichtert, den Vorgängern zu vertrauen.
Nur nicht blind!
Will das Übernommene nicht länger
zum Eigenen passen, lohnt sich ein mutiges
„Genug!“.
Die eigenen Schritte im hohen Schnee benötigen
zwar viel Kraft, aber sie befriedigen auch.
Mehr mit sich selbst im Lot zu sein,
ist eine großartige Erfahrung.
Unterwegs mit dem Gott der Bibel
stellt sich immer wieder die Wahl
zwischen gebahnten und neu zu findenden
Spuren.
Vorangegangene werden zu Vorbildern.
Sie faszinieren und inspirieren.

Manchmal aber braucht es unbetretene Felder
für eigene, urpersönliche Ausdrucksformen
des Glaubens.
In den Weihnachtsnächten machen sich Menschen
auf den Weg.
Von einem Kind haben sie gehört,
in dem Neues beginnt.
Hirten sind sie und Gelehrte.
Sie benötigen nur einen kurzen Fußweg
oder viele Tagesmärsche.
Arm sind sie und reich,
einfach und königlich.
Sie kommen in Gruppen.
Manchmal läuft einer hinter dem anderen her.
Dann übernimmt ein anderer die Führung.
Im Moment ihrer Ankunft aber
geschieht etwas Seltsames mit ihnen.
Sie spüren, dass sie zu einzelnen Menschen werden.
Alles an diesem Ort der Geburt ist improvisiert,
zusammengestückelt, dem Augenblick geschuldet.
Die Liebe, die sie hier erwartet, ist vollkommen.
Das Kind sieht sie an.

Oliver Kohler

Christus kommt wieder

In der Weltgeschichte um uns her könntet ihr Sorge und Angst haben. Es werden euch Gemütlichkeiten weggenommen und Sicherheiten des Lebens. Da denkt nur dran: Er kommt! Dann spürt ihr es auch bald in euren Herzen; es kommt in unsere Empfindungen, was für eine merkwürdige Geschichte in dem Wort steckt: „Er kommt." – Ich bin überhaupt in den letzten Wochen dazu gekommen, dem lieben Gott zu sagen: „Wie gut haben wir es doch heute!" In früheren Jahrzehnten, zur Zeit meiner Geburt, war die schauderhafte Hungersnot, der Mangel am täglichen Brot, dass man sich oft nicht zu helfen wusste. Es ist vorübergegangen.
Ich rechne alles, was geschieht in unserer Zeit, zu dem Kommen. „Er kommt mit den Wolken", also nicht allein zu dir, zu mir, zu uns, zu dieser oder jener Gemeinschaft: Er erscheint den Menschen überall nach Gottes Rat und Willen, und zwar in ganz eigentümlicher Weise, ganz materiell (z. B. als das elektrische Licht anfing, unsere Stallungen zu erleuchten). Er kommt in der ganzen Entwicklung der Zeit.
Ich kann es nicht erklären, wie das „Er kommt wieder" in der Bibel gemeint ist. Meine Verbundenheit mit Gott hat mich ohne die Bibel auf

dasselbe hingeführt: Ich und er, die Menschenkinder und er, die Völker und er. Es vollzieht sich von Gott aus in Menschen persönlich.
Das Leuchtende, das über unserem Haupt schon [...] sich gezeigt hat, dieser Stern, der uns erschienen ist, dieser Stern leuchte auch uns! Er spricht zu uns: „Er ist gekommen! Er kommt!" Und in diesem „Er kommt" überwinden wir alles, was uns auch begegnen mag.

Johann Christoph Blumhardt

Wir müssen durch Nacht
zum Licht wandern.

Franz Liszt

Advent

Ich klopfe an zum heiligen Advent
Und stehe vor der Tür.
O selig, wer des Hirten Stimme kennt
Und eilt und öffnet mir!
Ich werde Nachtmahl mit ihm halten,
Ihm Gnade spenden, Licht entfalten.
Der ganze Himmel wird ihm aufgetan:
Ich klopfe an.

Ich klopfe an, da draußen ist's so kalt
In dieser Winterzeit;
Vom Eise starrt der finstre Tannenwald,
Die Welt ist eingeschneit,
Auch Menschenherzen sind gefroren,
Ich stehe vor verschloss'nen Türen,
Wo ist ein Herz, den Heiland zu empfahn?
Ich klopfe an.

Ich klopfe an, der Abend ist so traut,
So stille, nah und fern,
Die Erde schläft, vom klaren Himmel schaut
Der lichte Abendstern;
In solchen heil'gen Dämmerstunden
Hat manches Herz mich schon gefunden;
O denk, wie Nikodemus einst getan:
Ich klopfe an.

Ich klopfe an; sprich nicht: Es ist der Wind,
Er rauscht im dürren Laub.
Dein Heiland ist's, dein Herr, dein Gott, mein Kind.
O stelle dich nicht taub;
Jetzt komm ich noch im sanften Sausen,
Doch bald vielleicht im Sturmesbrausen.
O glaub, es ist kein eitler Kinderwahn:
Ich klopfe an.

Ich klopfe an, jetzt bin ich noch dein Gast
Und steh vor deiner Tür,
Einst, Seele, wenn du hier kein Haus mehr hast,
Dann klopfest du bei mir;
Wer hier getan nach meinem Wunsch,
Dem öffn' ich dort die Friedenspforte,
Wer mich verstieß, dem wird nicht aufgetan;
Ich klopfe an.

Karl Gerok

Die Nacht ist vorgedrungen

Die Nacht ist vorgedrungen,
der Tag ist nicht mehr fern.
So sei nun Lob gesungen
dem hellen Morgenstern.
Auch wer zur Nacht geweinet,
der stimme froh mit ein.
Der Morgenstern bescheinet
auch deine Angst und Pein.

Dem alle Engel dienen,
wird nun ein Kind und Knecht.
Gott selber ist erschienen
zur Sühne für sein Recht.
Wer schuldig ist auf Erden,
verhüll nicht mehr sein Haupt.
Er soll errettet werden,
wenn er dem Kinde glaubt.

Die Nacht ist schon im Schwinden,
macht euch zum Stalle auf!
Ihr sollt das Heil dort finden,
das aller Zeiten Lauf
von Anfang an verkündet,
seit eure Schuld geschah.
Nun hat sich euch verbündet,
den Gott selbst ausersah.

Noch manche Nacht wird fallen
auf Menschenleid und -schuld.
Doch wandert nun mit allen
der Stern der Gotteshuld.
Beglänzt von seinem Lichte,
hält euch kein Dunkel mehr.
Von Gottes Angesichte
kam euch die Rettung her.

Gott will im Dunkel wohnen
und hat es doch erhellt.
Als wollte er belohnen,
so richtet er die Welt.
Der sich den Erdkreis baute,
der lässt den Sünder nicht.
Wer hier dem Sohn vertraute,
kommt dort aus dem Gericht.

Jochen Klepper

Herr, lass Weihnachten werden

Herr, lass Weihnachten werden
auch im Herzen mein,
dass ich dich erkenne und erlebe
und dir meine Liebe gebe
und kann fröhlich sein.
Herr, lass Weihnachten werden
durch alles, was du gibst,
dass ich deine Frohe Botschaft künde
und dich in dem Nächsten finde,
den du durch mich liebst.
Herr, lass Weihnachten werden
bei den Lieben mein,
lass uns gerne aneinander denken,
gegenseitig Freude schenken
und immer gütig sein.
Herr, lass Weihnachten werden
auch in meiner Welt,
dass hier Freundlichkeit und Güte
unsern Alltag so behüte,
wie es dir gefällt.

Unbekannt

Christrose

Es blüht eine Rose zur Weihnachtszeit
Draußen in Eis und Schnee.
Und wenn's in der Winternacht friert
und schneit,
Das tut der Rose nicht weh.

Es grünt die Hoffnung zur Weihnachtszeit,
Drinnen im Herzen still:
Dass immer und ewig so schön wie heut'
Frieden werden will.

Christrose, Christrose, Christrose, Christrose,
Blume der Heiligen Nacht!
Christrose, Christrose, Christrose, Christrose,
Hast mir die Hoffnung gebracht.

Die Liebe vertreibt meine Einsamkeit,
Mir tut das Herz nicht mehr weh,
Es blüht eine Rose zur Weihnachtszeit
Draußen in Eis und Schnee.

Unbekannt

Wunschzettel

Ich wünsche mir …

… mehr Zeit für mich selbst,

… weniger Pflichtgefühl,

… mehr Spaß als „Ernst des Lebens“,

… öfter mal zu lachen,

… meinen Humor nicht zu verlieren,

… keine Angst mehr davor haben zu müssen,
nicht genügen zu können,

… die Fähigkeit, den Augenblick genießen
zu können, statt immer planen zu müssen,

… das Gefühl, nichts Wesentliches zu versäumen,

… mich nicht mehr mit anderen messen zu müssen,

… Zufriedenheit,

… meine mir ins Herz geschriebene Lebensaufgabe
entdecken und gestalten zu können,

… Freundinnen und Freunde, die mich verstehen,
die mich akzeptieren, mit allen meinen
schwachen Seiten, und die dennoch – oder
gerade deswegen – zu mir halten,

… liebesfähig zu sein und zu bleiben,

… selbst geliebt zu werden,

… mein Vertrauen und meine Hoffnung nicht
zu verlieren, was auch immer geschieht,

… mit meinen Möglichkeiten etwas zu Frieden und
Gerechtigkeit auf der Welt beitragen zu können,

… mich mit den Menschen versöhnen zu dürfen,
mit denen ich im Streit auseinandergegangen bin,

… Vergebung zu erfahren von Menschen, denen
ich wehgetan habe,

… am Ende meines Lebens „Ja" sagen zu können
zu dem, wie ich gelebt habe und was dadurch
geworden ist.

Christa Spilling-Nöker

Gott ist dir nahe

Der Mensch soll sich in keiner Weise
als fern von Gott ansehen,
weder wegen einer Schuld
noch wegen etwas sonst.
Und sollten deine großen Sünden
dich auch so weit abgetrieben haben,
dass du dich nicht
als Gott nahe anzusehen vermöchtest,
so sollst du doch Gott als dir nahe annehmen.
Denn es ist von Übel,
wenn der Mensch einen Abstand setzt
zwischen sich und Gott.
Ob der Mensch sich in der Nähe
oder in der Ferne Gottes ergehe:
Gott geht nimmer in die Ferne,
er bleibt beständig in der Nähe;
und kann er nicht drinnen bleiben,
so entfernt er sich doch nicht weiter
als bis vor die Tür.

Meister Eckhart

Das Licht in uns

Es leuchtet in uns nämlich dunkel das Leben als ein Licht der Menschen, gleichsam in der Finsternis. Dieses Licht ist uns nicht zu nehmen, obschon es zwar in uns, aber doch nicht von uns ist, sondern von jenem herkommt, der sich gewürdigt hat, sogar in uns seine Wohnstätte aufzuschlagen. Er hat sein Licht in uns aufleuchten lassen, damit wir in seinem Lichte, dem unzugänglichen, das Licht sähen. So sind wir ihm in Wahrheit ähnlich gemacht, weil er uns einen Funken seines Lichts gegeben hat. Die Wahrheit ist also nicht in uns zu suchen, sondern in dem Bilde Gottes, das sich in uns befindet.

Paracelsus

Ein Licht kommt in die Welt

Wir sind ihm nötig

Wenn jemand einen anderen wesentlich in sein Herz schließt, formen sich, ob er's will oder nicht, ob er es auch nur denkt oder für möglich hält, wie von selber all die Antworten, die uns wirklich tragen. In der Liebe entdecken wir, dass wir einander notwendig sind. Der Natur sind wir gleichgültig, der menschlichen Geschichte im Ganzen völlig nebensächlich, aber einem Menschen, der uns liebt, sind wir wichtig und höchst bedeutsam, sodass er traurig würde und oft verzweifelt, gäbe es uns nicht.
Wohlgemerkt: Er liebt uns nicht, weil er uns nötig hätte, genau umgekehrt: Wir sind ihm nötig, weil er uns liebt. Nur durch die Liebe sind wir imstande, uns selber als Personen zu formen, indem wir beginnen, an die eigene Bedeutung überhaupt erst zu glauben. Und vermutlich war dies die ganze Tat Jesu, als er auf Erden war, dass er Menschen, die sich bis dahin fühlten wie Blätter im Wind, lehrte und sie erfahren ließ, sie seien etwas unverzichtbar Wesentliches für Gott.

Eugen Drewermann

Weihnachten: Licht

Wir kommen von der Schattenseite des Lebens in das helle Licht der Ewigkeit. Wir werden nicht hinters Licht geführt, sondern mitten ins Licht hinein. Ohne Weihnachten wäre unser Herz eine finstere Sorgenkammer ohne Trost, die Weltgeschichte ein Irrgarten ohne Mittelpunkt. Jesus kommt in unsere Nacht, damit wir in sein Licht kommen können. Nicht das Zwielicht von Neon und Mattscheibe, sondern die Positionslampe aus der Ewigkeit macht unser Leben hell. So kann aus Zwietracht Frieden werden.
Wer sein Herz an Jesus verliert, der hat das Leben gewonnen. Er ist heil geworden. Wer zur Krippe geht, kehrt als Beschenkter zurück. Er ist angesteckt, damit der Glaube nicht mehr auf Sparflamme brennt.

Unbekannt

Die Antwort

Ich habe die Weisen der Erde gefragt
um Sinn und Ziel unsres Lebens.
Sie haben mir törichte Antwort gesagt,
mein Fragen, es blieb vergebens.

Ich habe die Reichen und Satten gesucht,
sie sollten das Glück mir weisen.
Sie haben Reichtum und Sattsein verflucht
und hießen mich weiterreisen.

Ich hab' mir die Starken und Mächt'gen der Welt
mit meiner Frage erkoren.
Die haben ihr Haus auf Sand gestellt,
auch dort war mein Fragen verloren.

Dann haben sie mir die Kunde gebracht
– ich hab' sie staunend vernommen –
von einem Kind, das in dieser Nacht
zu uns auf die Erde gekommen.

Da ward mir die Seele froh und schwer
in schauenden, wissenden Stunden.
Der Sinn des Lebens? Ich frage nicht mehr,
ich habe die Antwort gefunden.

Unbekannt

Barmherzigkeit üben, Gerechtigkeit suchen

Siehe, da erschien der Engel des Herrn dem Joseph im Traum und sprach: Steh auf, nimm das Kindlein und seine Mutter mit dir und flieh nach Ägypten und bleib dort, bis ich dir's sage; denn Herodes hat vor, das Kindlein zu suchen, um es umzubringen. Da stand er auf und nahm das Kindlein und seine Mutter mit sich bei Nacht und entwich nach Ägypten. (Mt 2,13–14)

Ein Kind ist auf der Flucht. Ein wütender Gewaltherrscher möchte es umbringen. Gottes Engel warnt die Eltern; sie fliehen, und das Kind entrinnt dem Morden. Wir wissen nicht, wie und bei wem Maria, Joseph und das Jesuskind in Ägypten damals Aufnahme fanden. Aber sie wurden errettet, und das Kind „wuchs und wurde stark, voller Weisheit und Gottes Gnade war bei ihm" (Lk 2,40).

Die Fluchtgeschichte der Heiligen Familie weist uns auf die vielen Fluchtgeschichten unserer Tage: Allein der furchtbare Bürgerkrieg in Syrien hat Millionen entwurzelt und aus dem Land getrieben. Die meisten Geflohenen leben in oft menschenunwürdigen Verhältnissen in den Nachbarstaaten. Immer wieder versuchen

Menschen mittels untauglicher Schiffe über das Mittelmeer nach Europa zu kommen, um der Unfreiheit, der Perspektivlosigkeit und der Not in ihrer Heimat zu entfliehen. Spätestens das furchtbare Unglück vor Lampedusa Anfang Oktober hat uns die Augen dafür geöffnet, dass Europa seine Seele zu verlieren droht, wenn wir dieser Situation tatenlos oder in bloßer Abwehrhaltung zusehen.
Der Beschluss der Innenministerkonferenz Anfang Dezember, weiteren 5000 Flüchtlingen aus Syrien in Deutschland Aufnahme zu gewähren, ist ein Schritt in die richtige Richtung. Doch angesichts des großen Elends gerade jetzt im Winter kann das nur ein Anfang sein. Als eines der reichsten Länder der Erde müssen wir unsere Anstrengungen im neuen Jahr deutlich verstärken. Auch wir als Kirchen dürfen nicht nachlassen, neue Wege zu suchen, um das Elend der Flüchtlinge zu lindern. Dabei ist Fantasie und Kreativität gefragt, denn die Not schreit zum Himmel!
Barmherzigkeit üben, Gerechtigkeit suchen – das ist eine stete Aufgabe von Christinnen und Christen. Dazu macht Weihnachten Mut. Denn in Jesus Christus ist ein neues, unauslöschliches Licht in die Welt gekommen, das Hoffnungslosen neue Hoffnung und Verzweifelten neue Zu-

versicht schenkt. Das Licht der Geburt Christi bringt einen neuen Schein. Es leuchtet in den Nächten unserer Welt und es schenkt uns immer neue Kraft, Boten des Lichts in der Dunkelheit zu sein.

Frohe und gesegnete Weihnachten!

Nikolaus Schneider

Gott wird Mensch

Gott lebt nicht in sich verschlossen. Er ist allem, was ist, gegenüber offen. Er ist überall. Soweit irgendetwas ist, ist Gott, und er ist darüber hinaus. Er ist grenzenlos. Er ist nicht der Vertreter einer Welt des Lichts, der gegenüber eine von einer anderen Macht beherrschte Wirklichkeit des Dunklen wäre. Er steht für alles. Er durchdringt alles. Er umfasst alles. Das ist das eine.
Gott ist auch nicht der, der in einer menschenfernen Höhe zu denken wäre. Er ist nicht der Erhabene allein, der Heilige, der Gott im Abstand. Nein. Gott steigt ab bis in unsere Niederungen. Er tut sich kund. Er wird Mensch. Er neigt sich aus seiner unendlichen Höhe herab. Er geht in die Welt ein, in die Geschichte, in die Situation, ja in das Herz, die Seele und den Geist von Menschen.

Jörg Zink

Das Gotteskind

Sie empfing mich stets mit freudigem Lächeln, wenn ich sie im Altersheim besucht habe. Sie lag in ihrem Bett, fast unbeweglich geworden, und ich wunderte mich immer wieder, dass sie nie klagte. Sie sagte, es ginge ihr gut. Wie war das möglich? Ich fragte, sie antwortete: „Angelus Silesius – von ihm gibt es den Vers von Christus, der in dir geboren werden muss. Und jetzt habe ich Zeit, dies ganz intensiv zu erleben." Wir können heute nicht länger miteinander sprechen. Ich gehe sehr nachdenklich zu Fuß durch die Straßen der Stadt nach Hause. „Erleben, wie Gott in uns wächst, von einem kleinsten Keim zu einem lebendigen Wesen" – der Gedanke geht mit mir durch die Tage. Und ich freue mich auf unser nächstes Treffen.

„Neun Monate", sage ich, „neun Monate brauchen wir Frauen, bis das Kind in uns herangewachsen ist und …" „Wir spüren es immer mehr, immer deutlicher werden seine Bewegungen in uns. Ist es nicht eine große Glückseligkeit?" Ihre Augen lächeln mich an. „Aber die Last in unserem Leib wird dabei immer schwerer", werfe ich ein. Sie nickt: „Das muss so sein – Gott in uns muss wachsen und geboren werden, das geht nicht ohne Schmerzen, wie wir wissen. Ja, das erlebte ich schon früher reichlich und auch jetzt noch jeden Tag. Aber – es lohnt sich."

Es lohnt sich, hatte sie gesagt. Ich habe reichlich Stoff zum Nachdenken. Wie anders sehe ich mein Leben an, wenn ich an diesen Gedanken weiterspinne: Das Gotteskind ist auch in mich gelegt, ich habe nichts dazu getan, als dass ich dazu bereit war. Und nun habe ich diesen Schatz in mir, bin damit beschenkt und kann, darf, muss ihn hüten. Noch nie war ich wertvoller. „Wertvoll? Oh ja", sagt sie, „da hast du recht." Sie lacht. „Ich bin hilflos, abhängig, aber ungeheuer wertvoll – es ist kaum zu glauben. Danke für diese Erkenntnis!" Dass die Last schwerer werden muss, weil Gott in uns wachsen will und tatsächlich auch wächst, dieser Gedanke geht mir nicht mehr aus dem Sinn. Das könnte eine Erklärung sein für diese Fragen nach dem „Warum", die uns immer wieder überfallen, wenn wir Leid und Schmerzen ertragen müssen. Und eine Geburt ist bei aller Freude und dem hoffenden Warten darauf keineswegs ein Waldspaziergang im Tal. „Es lohnt sich aber", so hat meine alte Freundin gesagt. Sie weiß es und ich spüre: Sie hat recht.

„Redest du mit ihm?", fragt sie mich – und: „Ich tu das jede Stunde, weißt du, ich segne und lobe und liebkose und horche, fühle, achte auf dies

mein nächstes, in mir wachsendes Du – ich bin ganz einfach voll beschäftigt."
Sie lebt nicht mehr, meine alte Freundin. Und sie lebt dennoch. Sie hat mich reich beschenkt. Gott ist in ihr gewachsen. Und jetzt weiß ich: In mir wächst das Gotteskind auch.

Margret Roeckner

Es sollte uns fürwahr nichts fröhlicher sein in der Schrift als dies, dass Christus geboren ist von der Jungfrau Maria.

Martin Luther

Vom Himmel hoch, da komm ich her

Vom Himmel hoch, da komm ich her.
Ich bring euch gute neue Mär,
Der guten Mär bring ich so viel,
Davon ich singen und sagen will:

Euch ist ein Kindlein heut geborn
Von einer Jungfrau auserkorn,
Ein Kindelein, so zart und fein,
Das soll eur Freud und Wonne sein.

Es ist der Herr Christ, unser Gott,
Der will euch führn aus aller Not,
Er will eur Heiland selber sein,
Von allen Sünden machen rein.

Er bringt euch alle Seligkeit,
Die Gott der Vater hat bereit,
Dass ihr mit uns im Himmelreich
Sollt leben nun und ewiglich.

So merket nun das Zeichen recht:
Die Krippe, Windelein so schlecht,
Da findet ihr das Kind gelegt,
Das alle Welt erhält und trägt.

Des lasst uns alle fröhlich sein
Und mit den Hirten gehn hinein,
Zu sehn, was Gott uns hat beschert,
Mit seinem lieben Sohn verehrt.

Lob, Ehr sei Gott im höchsten Thron,
Der uns schenkt seinen einz'gen Sohn.
Des freuen sich der Engel Schar
Und singen uns solch neues Jahr.

Martin Luther

Es kommt ein Schiff

Es kommt ein Schiff, geladen
bis an den höchsten Bord.
Trägt Gottes Sohn voll Gnaden,
des Vaters ewig's Wort.

Das Schiff geht still im Triebe,
trägt eine teure Last;
das Segel ist die Liebe,
der Heil'ge Geist der Mast.

Der Anker haft' auf Erden,
da ist das Schiff an Land.
Das Wort soll Fleisch uns werden,
der Sohn ist uns gesandt.

Zu Bethlehem geboren
im Stall ein Kindelein,
gibt sich für uns verloren;
gelobet muss es sein.

Danach mit ihm auch sterben
und geistlich aufersteh'n,
das Leben zu ererben,
wie an ihm ist geschehn.

Johannes Tauler

Weihnachtspredigt

„Fürchtet euch nicht! Siehe, ich verkünde euch große Freude, die allem Volk widerfahren wird: Euch ist heute der Heiland geboren!“

Diese Engel-Botschaft zeugt seit mehr als 2000 Jahren von dem großen Licht, das Gott für die Dunkelheit der Welt und für alle Dunkelheiten im Leben der Menschen leuchten lässt.
Aber auch 2000 Jahre nach Christi Geburt ersterben Hoffnung und Freude von Menschen an verschuldetem und unverschuldetem Leiden, an Lieblosigkeit, in Ängsten und in gefühlter Gottesferne. Auch Jahrhunderte nach der Ausbreitung des Christentums über die ganze Welt zeigt unsere Welt noch immer – und immer wieder neu – eine blutige Spur von Terror und Krieg, von Egoismus und Selbstherrlichkeit, von Folter, Hunger, Ausbeutung und Tod.
Blicken wir auf unser eigenes Land. Wir nehmen Zeichen einer wachsenden Entsolidarisierung wahr. Menschen und Interessengruppen suchen ihre Vorteile auf Kosten anderer, das gemeinschaftliche Wohl „allen Volkes“ gerät uns aus dem Blick. Nur zu oft nehmen wir die Wunden, die uns in diesem vermeintlich „freien“ Spiel der Kräfte geschlagen wurden, zum Vorwand, um

eigene egoistische Verhaltensweisen zu rechtfertigen. Verzichten um anderer Menschen oder um der Bewahrung der Schöpfung willen, nach Gerechtigkeit statt nach Selbstverwirklichung suchen – wie schwer fällt uns das! Blicken wir auf unsere Ängste, Abhängigkeiten und zerplatzten Lebensträume, auf die für „Normalbürger" nicht zu durchschauende finanzpolitische Lage, auf so viele vergebliche Versuche, Kinderarmut und Flüchtlingselend nachhaltig „in den Griff zu kriegen", dann drängt sich doch die Frage auf: Hat der Engel des Herrn mit seiner Freudenbotschaft wirklich uns, unser Volk und unsere Welt gemeint?

Im eigenen Erleben und im Mit-Erleben von Versagen, Unrecht, Gewalt und Naturkatastrophen mag uns die Engel-Botschaft nur zu leicht als ein frommes, aber leider weltfremdes Märchen erscheinen, als eine billige, aber leider wenig hilfreiche Vertröstung.

Doch die Engel-Botschaft verspricht den Menschen und „allem Volk" kein leidfreies Leben und keine perfekte Welt. Die Weihnachtsfreude der Engel-Botschaft gründet sich in der Gewissheit: Gott lässt Menschen nicht allein in den Dunkelheiten ihres Lebens, auch nicht in der Dunkelheit des Todes. Jesus Christus zeigt uns den Weg, in dieser unheilen Welt von Gott

gesegnet zu leben und im Frieden mit Gott zu sterben.
„Euch ist heute der Heiland geboren!" zaubert uns kein problemloses Leben und keine problemlose Welt herbei.
Aber diese Botschaft schenkt uns inmitten aller Probleme und offenen Fragen – und auch in allem Leiden – Freude, Hoffnung und Zuversicht, sodass wir im Blick auf unseren Heiland immer von Neuem Schritte wagen auf Wegen des Friedens und der Gerechtigkeit – zum Heil für alle Welt!

Gesegnete Weihnachten!

Nikolaus Schneider

Zeit und Ewigkeit

So greift Weihnachten zurück in die Zeit, als ein Äon zu Ende ging, also eine Zeit „erfüllt" war, und reaktiviert den Anfang eines neuen Äons. Es feiert die Gleichzeitigkeit der Geburt Jesu und der Geburt des neuen Menschen in uns Heutigen. Ostern greift zurück in das Ureignis der Auferstehung und feiert eben damit die Hoffnung auf unsere eigene Auferstehung. Das Passah greift zurück auf das Urereignis der Befreiung und schafft Hoffnung auf künftige Freiheit. Ähnliches geschieht in jedem Fest. Auch beim eigenen „Geburtstag". Und es geht in jedem Fest so, dass ein Wort hörbar wird, das erzählt, wie aus der Unterbrechung und Umkehrung der Zeit eine heilige Zeit, ein Fest wird. Mit dem Anknüpfen an das Anfängliche erscheint vor unseren Augen zugleich das Ziel. Auch das Ziel einer Gemeinschaft von heute. Es erscheint im Fest auch die Gegenwart der Ewigkeit. Denn Ewigkeit heißt ja nicht ewige Dauer der Zeit. Ewigkeit meint vielmehr die Zeitstille. So kann es uns auch hier und heute geschehen, dass die Zeit gleichsam ausklinkt. Es kann schwierig sein, nach einer Zeit der Kontemplation zu sagen, wie lange diese gedauert habe.

Zu einer wirklichen Gotteserfahrung kann das bloße Verweilen in einem heiligen Raum werden. Zur Erfahrung von Gottes Nähe, seiner Anwesenheit. So, dass ich empfinde: Er ist da. Ich bin von ihm erfasst und getragen. Und ich selbst bin anwesend in ihm.

Jörg Zink

Wenn du zum Kind gehst

Wenn du zum Kind gehst, nimm den schmalen Pfad,
jenen, der immer schon zu mühsam erschien.
Erinnere dich des verlassensten Winkels
deines Herzens,
vor dem du immer schon davongelaufen bist,
in dem du Gott nie vermutest,
und trotze der Finsternis.

Schließ dich den Hirten an,
den gering Geachteten,
den Bedrängten,
jenen, die am Rand stehen,
die suchen und Ausschau halten nach dem Stern,
der sie führt.

Wenn du zum Kind gehst,
komm auf leisen Sohlen,
zieh die Schuhe aus!
Bring dein Lächeln, deine zärtlichen Gesten
und schließ deine Tränen nicht aus,
den ungeweinten, zurückgedrängten gib Raum,
lass sie zu.
Hinter ihrem Schleier lächelt Gott dir entgegen.

Unbekannt

Freude herrscht unter den Menschen

Gute Nachricht hallt wider von den Bergen;
man verkündet sie auch in den Tälern.
Menschen atmen auf, voller Hoffnung,
denn Gottes Liebe wurde offenbar im Kind,
das in der Krippe liegt –
es ist Christus, der Herr, unser Erlöser.

Freude herrscht unter den Menschen,
denn geboren wurde der Heiland,
die Hoffnung für die ganze Welt.
Freude wohnt in den einfachen Hütten,
in den Elendsvierteln der Städte.
Arme und Schwache fassen neuen Mut,
denn Gott machte sich zu ihrem Bruder
im Kind in der Krippe –
es ist Christus, der Herr, unser Erlöser.

In Bethlehem ist uns das Heil erschienen
und Gottes Wort wurde Mensch.
Liebe wird den Hass besiegen,
denn Gott hat uns die Hand gereicht
im Kind in der Krippe –
es ist Christus, der Herr, unser Erlöser.

Aus Lateinamerika

Jesu Geburt

Es begab sich aber zu der Zeit, dass ein Gebot von Kaiser Augustus ausging, dass alle Welt geschätzt würde. Und diese Schätzung war die allererste und geschah zu der Zeit, da Cyrenius Landpfleger von Syrien war. Und jedermann ging, dass er sich schätzen ließe, ein jeglicher in seine Stadt. Da machte sich auch Joseph aus Galiläa, aus der Stadt Nazareth, auf in das jüdische Land zur Stadt Davids, die da heißt Bethlehem, weil er von dem Hause und Geschlechte Davids war, auf dass er sich schätzen ließe mit Maria, seiner Verlobten, die ein Kind erwartete. Und als sie dort waren, kam die Zeit, da sie gebären sollte. Und sie gebar ihren ersten Sohn und wickelte ihn in Windeln und legte ihn in eine Krippe; denn sie hatten sonst keinen Raum in der Herberge. Und es waren Hirten in derselben Gegend auf dem Felde bei den Hürden, die hüteten des Nachts ihre Herde. Und siehe, der Engel des Herrn trat zu ihnen, und die Klarheit des Herrn umstrahlte sie; und sie fürchteten sich sehr. Und der Engel sprach zu ihnen: Fürchtet euch nicht! Siehe, ich verkündige euch große Freude, die allem Volk widerfahren wird; denn euch ist heute der Heiland geboren, welcher ist Christus, der Herr, in der Stadt Davids.

Und das soll euch zum Zeichen dienen: Ihr werdet finden das Kind in Windeln gewickelt und in einer Krippe liegend. Und bald war bei dem Engel die Menge der himmlischen Heerscharen, die Gott lobten und sprachen: Ehre sei Gott in der Höhe und Frieden auf Erden und den Menschen ein Wohlgefallen. Und als die Engel von ihnen gen Himmel fuhren, sprachen die Hirten untereinander: Lasst uns nun nach Bethlehem gehen und die Geschichte sehen, die da geschehen ist, die uns der Herr kundgetan hat. Und sie eilten hin und fanden beide, Maria und Joseph, dazu das Kind in der Krippe liegen. Und als sie es aber gesehen hatten, verkündeten sie, was ihnen von diesem Kinde gesagt worden war. Und alle, die es hörten, staunten über die Worte, die ihnen die Hirten gesagt hatten. Maria aber behielt alle diese Worte in ihrem Herzen. Und die Hirten kehrten wieder um, priesen und lobten Gott für alles, was sie gehört und gesehen hatten.

Lk 2,1–20

Loben will ich – seine große Sehnsucht

Loben will ich
die klaren Winternächte
das Funkeln der Sterne
die Tiefe des Alls
loben – die große Sehnsucht

loben will ich
das Heu und das Stroh
den Duft des vergangenen Sommers
das Futter der Tiere
loben – die große Sehnsucht

loben will ich
den Ochs und den Esel
die Lasten und Mühen
die Müdigkeit des Leibes
loben – die große Sehnsucht

loben will ich
das Blöken der Schafe
die Wachsamkeit der Hunde
das Lauschen der Hirten
loben – die große Sehnsucht

loben will ich
das Holz der Krippe (das Holz der Särge)
den Baum des Lebens
loben – die große Sehnsucht

loben will ich
den Stern
den Aufbruch der Weisen
die Kraft der Träume
loben – die große Sehnsucht

loben will ich
die Anmut der Mutter
das Staunen des Vaters
das Geheimnis der Liebe
loben – die große Sehnsucht

loben will ich
den Schrei der Neugeborenen
die Ohnmacht des Erdlings – Gott
loben – seine große Sehnsucht

Elisabeth Bernet

Auf ihr Hirten von dem Schlaf

Auf ihr Hirten von dem Schlaf,
nur nicht lang verweilet,
auf ein Zeit verlasst die Schaf,
zu der Krippe eilet.
Singet, o beglückte Nacht,
du hast uns das Heil gebracht,
da der wahre Gottessohn
zu uns kam vom Himmelsthron.
Lauft, o Hirten, lauft nur g'schwind,
dieses Kind zu sehen,
von der Stadt nur wenig sind,
die zum Stall hingehen.
Kommet all mit Lust herbei,
denkt, dass es Messias sei;
selig ist, wer heut noch find't
dieses neugeborne Kind.
Brüder seht, ich denk' kein' Zeit,
so lang wir jetzt Hirten,
wo in eine größre Freud'
Hirten je gerieten!
Heut die Schaf, sie acht'n kein Gras,
welch ein Wunder ist nicht das,
alle Sterne und der Mond,
glänzen heller als die Sonn'.

Weihnachtslied aus dem Wallis

Das Licht der Weihnacht

Lebenserinnerungen eines deutschen Malers

Die Weihnachtszeit nahte, wo die Gedanken mehr als vorher nach der Heimat lenken und ein Heimwehgefühl das Herz dessen beschleicht, der allein in der Fremde lebt. [...] Am Christtag ging ich ins Café Greco, wo die Post einen großen Stoß Briefe abgelagert hatte, aber für mich war keiner darunter; freilich war der Postenlauf damals ungeregelter; ein Brief aus Deutschland war acht bis zwölf Tage unterwegs, und geschrieben wurde mir ohnedies selten. Auguste konnte ihre Briefe mir nur durch den Vater zukommen lassen, und dieser war kein Freund vom Briefschreiben; so blieben erstere oft lange liegen. Betrübt über meine getäuschte Erwartung ging ich zu Oehme, welcher gleiche Gefühle mit mir zu teilen hatte. Er hatte ein paar recht hübsche Kompositionen, getuschte Zeichnungen, gemacht. Die erste stellte den Orgelchor einer alten Kirche am Weihnachtsabend vor. Der Kantor mit seinen Knaben singt, von zwei Kandelabern beleuchtet, in die dunkle Kirche hinab. Auf den düstern Emporen sieht man betendes Volk, und das Mondlicht streift durch das gotische Fenster. [...]

So hatte ich den Christtag einsam zugebracht,

denn die Trattorien mussten um sieben Uhr schon geschlossen werden. – Am ersten Feiertag hatte ich den ganzen Tag fleißig gemalt und saß bei anbrechender Dämmerung noch vor dem Bilde, obwohl ich Pinsel und Palette längst weggelegt hatte, und war mit den Gedanken in der Heimat, nach der ich mit Wagner zum Frühjahr wieder zurückkehren wollte.
Ich schürte die Glut des Focone, denn draußen wehte eine kalte Tramontana, und das Gebirge lag voll Schnee. So in der Zukunft schwärmend und die Vergangenheit der letzten Jahre bedenkend, durchströmte mich plötzlich eine seltsame, aber recht glückliche, friedensvolle Empfindung. Es war, als wenn ein Engel durchs Stübchen gegangen und einen Hauch seiner Seligkeit darin zurückgelassen hätte. Mir kam plötzlich mein Leben wie in einem großen, freundlichen Zug vor Augen, und ich glaubte die unsichtbare Hand zu erkennen, die mich bisher so freundlich geleitet, die mich über all mein Erwarten mit Gütern erfüllt hatte, die mir eine Verheißung für die Zukunft waren. Zum ersten Male, vielleicht seit Jahren, konnte ich dankbar und innig freudig die Hände falten im Gebet, konnte beten so recht wahrhaft aus innerstem Antrieb, wie ich es vorher nie gekonnt.

Ludwig Richter

Hörst auch du die leisen Stimmen?

Hörst auch du die leisen Stimmen
aus den bunten Kerzlein dringen?
Die vergessenen Gebete
aus den Tannenzweiglein singen?
Hörst auch du das schüchtern frohe,
helle Kinderlachen klingen?
Schaust auch du den stillen Engel
mit den reinen, weißen Schwingen? …
Schaust auch du dich selber wieder
fern und fremd nur wie im Traume?
Grüßt auch dich mit Märchenaugen
deine Kindheit aus dem Baume? …

Ada Christen

Ein Weihnachtsbrief

Frankfurt, 25. Dezember 1772

Christtag früh. Es ist noch Nacht, lieber Kestner, ich bin aufgestanden, um bei Lichte morgens wieder zu schreiben, das mir angenehme Erinnerungen voriger Zeiten zurückruft; ich habe mir Coffee machen lassen, den Festtag zu ehren, und will euch schreiben, bis es Tag ist. Der Türmer hat sein Lied schon geblasen, ich wachte darüber auf. Gelobet seist du, Jesus Christ! Ich hab diese Zeit des Jahrs gar lieb, die Lieder, die man singt, und die Kälte, die eingefallen ist, machen mich vollends vergnügt.

Johann Wolfgang von Goethe

Bald ist es Weihnacht

Ein Kind – von einem Schiefertafel-Schwämmchen
Umhüpft – rennt froh durch mein Gemüt.

Bald ist es Weihnacht! – Wenn der Christbaum blüht,
Dann blüht er Flämmchen.
Und Flämmchen heizen. Und die Wärme stimmt
Uns mild. – Es werden Lieder, Düfte fächeln. –

Wer nicht mehr Flämmchen hat,
wem nur noch Fünkchen glimmt,
Wird dann doch gütig lächeln.

Wenn wir im Traume eines ewigen Traumes
Alle unfeindlich sind – einmal im Jahr! –
Uns alle Kinder fühlen eines Baumes.
Wie es sein soll, wie's allen einmal war.

Joachim Ringelnatz

Winternacht

Es war einmal eine Glocke,
die machte baum, baum …
Und es war einmal eine Flocke,
die fiel dazu wie im Traum …

Die fiel dazu wie im Traum …
Die sank so leis hernieder
wie ein Stück Engleingefieder
aus dem silbernen Sternenraum.

Es war einmal eine Glocke,
die machte baum, baum …
Und es war einmal eine Flocke,
so leis als wie im Traum …

So leis als wie im Traum …
Und als vieltausend gefallen leis,
da war die ganze Erde weiß
als wie vom Engleinflaum.

Da war die ganze Erde weiß
als wie vom Engleinflaum.

Christian Morgenstern

Es weihnachtet sehr

Es wird Weihnachten! Mein Haus riecht schon nach braunen Kuchen – versteht sich, nach Mutters Rezept – und ich sitze sozusagen schon seit einer Woche im Scheine des Tannenbaums.

Ja, wie ich den Nagel meines Daumens besehe, so ist auch der schon halbwegs vergoldet. Denn ich arbeite jetzt abends nur in Schaumgold, Knittergold und bunten Bonbonpapieren; und während ich Netze schneide und Tannen- und Fichtenäpfel vergolde, und die Frauen, d. h. meine Frau und Röschen, Lisbeth's Puppe ausputzen, liest Onkel Otto uns die „Klausenburg" von Tieck vor, oder gibt hin und wieder eine Probe aus den Bilderbüchern, die Hans und Ernst auf den Teller gelegt werden sollen.

Gestern Abend habe ich sogar Mandeln und Zitronat für die Weihnachtskuchen schneiden helfen, auch Kardamom dazu gestoßen und Hirschhornsalz. Den Vormittag war ich stundenlang auf den Bergen in den Wäldern herumgeklettert, um die Tannenäpfel zu suchen. Ja, ihr hättet mich sogar in meinem dicken Winter-Surtout hoch oben in einer Tannenspitze sehen können.

Freilich hatte ich mich vorher gehörig umgesehen; denn der Herr Kreisrichter durfte sich doch

nicht auf einem ganz offenbaren Waldfrevel ertappen lassen.
Jeden Morgen, die letzten Tage, kommt der Postbote und bringt Päckchen oder einen Brief aus der Heimat oder aus der Fremde von Freunden. Die Weihnachtszeit ist doch noch gerade so schön wie sie in meinen Kinderjahren war.
Wenn nur noch der Schnee kommen wollte; wir wohnen hier so schön, da müsste der Weihnachtsbaum, wenn er erst brennt, prächtig in die Winterlandschaft hinausleuchten.

Theodor Storm

Wenn das Haus durchsichtig wird,
gehören die Sterne mit zum Fest.

Hugo von Hofmannsthal

Das Christkind

Die Nacht vor dem Heiligen Abend,
da liegen die Kinder im Traum.
Sie träumen von den schönen Sachen
und von dem Weihnachtsbaum.

Und während sie schlafen und träumen,
wird es am Himmel klar,
und durch den Himmel fliegen
drei Engel wunderbar.

Sie tragen ein holdes Kindlein,
das ist der Heilige Christ.
Es ist so fromm und freundlich,
wie keins auf Erden ist.

Und wie es durch den Himmel
still über die Häuser fliegt;
schaut es in jedes Bettchen,
wo nur ein Kindlein liegt.

Es freut sich über alle,
die fromm und freundlich sind,
denn solche liebt von Herzen
das liebe Himmelskind.

Heut schlafen noch die Kinder
und sehen es nur im Traum.
Doch morgen tanzen und springen
sie um den Weihnachtsbaum.

Robert Reinick

O schöne, herrliche Weihnachtszeit

O schöne, herrliche Weihnachtszeit,
was bringst du Lust und Fröhlichkeit!
Wenn der Heilige Christ in jedem Haus
teilt seine lieben Gaben aus.
Und ist das Häuschen noch so klein,
so kommt der Heilige Christ hinein,
und alle sind ihm lieb wie die Seinen,
die Armen und die Reichen,
die Großen und die Kleinen.
Der Heilige Christ an alle denkt,
ein jedes wird von ihm beschenkt.
Drum lasset uns freu'n und dankbar sein!
Es denkt auch unser, mein und dein.

Hoffmann von Fallersleben

Weihnachten

Leise weht's durch alle Lande
wie ein Gruß vom Sternenzelt,
schlinget neue Liebesbande
um die ganze weite Welt.

Jedes Herz mit starkem Triebe
ist zu Opfern froh bereit,
denn es naht das Fest der Liebe,
denn es naht die Weihnachtszeit.

Und schon hat mit tausend Sternen
sich des Himmels Glanz entfacht,
leise tönt aus Himmelsfernen
Weihgesang der Heil'gen Nacht.

Hell aus jedem Fenster strahlet
wundersam des Christbaums Licht,
und der Freude Schimmer malet
sich auf jedem Angesicht.

Lichte Himmelsboten schweben
ungeseh'n von Haus zu Haus;
selig Nehmen, selig Geben
geht von ihrer Mitte aus.

O willkommen, Weihnachtsabend,
allen Menschen, groß und klein!
Friedebringend, froh und labend
mögst du allen Herzen sein!

Adelheid Humperdinck-Wette

Die Weihnachtskrippe daheim

Der Bruder meiner Mutter, namens Joseph Hartel, ein noch unverehelichter junger Mann, der schöne Blechwaren aller Art verfertigte, besuchte uns, besonders im Winter, alle Abende. Er war immer heiter und voll witziger Einfälle. Wir Kinder alle waren immer hocherfreut, wenn der Herr „Vetter Joseph" kam, wie wir ihn nannten. – Uns Kindern und den Kindern einer Schwester und auch einiger Nachbarn Freude zu machen, hatte er in einer Ecke seines Wohnzimmers zwischen den zwei Fenstern eine „Weihnachtskrippe" angebracht. Man sah einen großen Berg mit Felsen und Wäldchen und zerstreuten ländlichen Hütten. Ganz oben auf dem Berge befand sich die Stadt Bethlehem. Wenn er uns bei Tage die Krippe zeigte, rauchten alle Kamine der Stadt, bei Nacht waren alle Fenster erleuchtet. Dies wurde durch ein Glutpfännchen mit Weihrauch oder eine kleine Lampe bewirkt, die er in das Innere der Stadt hineinstellte, die aus Blech gefertigt und zierlich mit Farben bemalt war. Unten im Tale befand sich auf einer Seite eine grüne Ebene mit vielen Schafen und Lämmchen und mit dem Hirten, der auf einer Schalmei spielte. Zur andern Seite war ein kleiner See von wirklichem Wasser, in dessen

Mitte, so zart wie das feinste Silberfädchen, ein Springbrunnen emporsprudelte. Auf dem See befanden sich zwei Schwäne; wenn man ihnen ein kleines rotes Stäbchen, das bereitlag und an dessen Spitze etwas Brot befestigt war, vorhielt, so kamen sie herbei; zeigte man ihnen aber den breiten Teil des Stäbchens, so wichen sie zurück. Diese Wunder des uns unbekannten Magneten erfreuten uns Kinder sehr. Die größte Freude aber machte uns das göttliche Kind mit Maria und Joseph; auch die anbetenden Hirten und die Heiligen Drei Könige, die mit aller königlichen Pracht erschienen. –

Noch jetzt zur Stunde erinnere ich mich an alles sehr klar und deutlich. – In Hinsicht der Kunst mochte dieses alles wohl keinen Wert haben. In Bezug auf die Zeitverhältnisse war manches irrig und ganz verfehlt. Aus den Mauern Bethlehems schauten zum Beispiel Kanonen hervor; der ehrwürdige Greis Simeon hatte eine Brille auf; die Heiligen Drei Könige waren mit dem doppelten Adler oder einem Ordenskreuz geschmückt. Allein all dieses irrte uns Kinder nicht. Wir hatten dabei sehr andächtige Empfindungen, die wohl nicht ohne Gewinn waren für das ganze Leben.

Christoph von Schmid

Fest für die Menschheit

Weihnachten ist ein Fest für die Menschheit.
Es kommt über einen und legt
sich warm und weich auf einen
und duftet nach
Tannen und Wachskerzen und
Lebkuchenmännern und
nach vielem, was es gab, und nach vielem,
was es geben wird.

Unbekannt

Das Licht in die Welt tragen

Ein Weg fängt an

Gott
du großer Gott
ein Kind im Stall
du brichst in mein Dunkel herein
teilst meine Ohnmacht
stellst dich mir Schwachen
zur Seite

du weckst meine Sehnsucht
du färbst meine Träume
wartest mit mir auf den Anbruch
des Morgens

du lehrst mich suchen
machst Mut zum Aufbruch
lädst ein zum Leben
und gehst mit

Weihnachten

ein Weg fängt an

Andrea Schwarz

Miteinander

Miteinander zu reden und zu lachen,
sich gegenseitig Gefälligkeiten erweisen,
gemeinsam schöngeistige Bücher zu lesen,
gemeinsam zu scherzen und zugleich Achtung zu geben,
gelegentlich anderer Meinung zu sein,
freilich ohne Gehässigkeit,
ganz so, wie man auch mit sich selbst
im Widerstreit liegt,
gerade durch Meinungsverschiedenheit
die vorherrschende Eintracht zu würzen,
einander etwas zu lehren und voneinander lernen,
Abwesende schmerzlich vermissen,
Zurückkehrende freudig empfangen,
durch Zeichen der Liebe und Gegenliebe,
die von Herzen kommen,
die sich in Miene, Stimme, Blicken und
tausend freundlichen Gesten äußern,
die Herzen wie Zündstoff entflammen
und aus Zweien eins werden lassen.

Augustinus von Hippo

Von guten Mächten

Von guten Mächten treu und still umgeben,
Behütet und getröstet wunderbar,
So will ich diese Tage mit euch leben
Und mit euch gehen in ein neues Jahr.

Noch will das alte unsre Herzen quälen,
Noch drückt uns böser Tage schwere Last.
Ach, Herr, gib unsern aufgescheuchten Seelen
Das Heil, für das du uns bereitet hast.

Und reichst du uns den schweren Kelch, den bittern
Des Leids, gefüllt bis an den höchsten Rand,
So nehmen wir ihn dankbar ohne Zittern
Aus deiner guten und geliebten Hand.

Doch willst du uns noch einmal Freude schenken
An dieser Welt und ihrer Sonne Glanz,
Dann wolln wir des Vergangenen gedenken
Und dann gehört dir unser Leben ganz.

Lass warm und still die Kerzen heute flammen,
Die du in unsre Dunkelheit gebracht.
Führ, wenn es sein kann, wieder uns zusammen.
Wir wissen es, dein Licht scheint in der Nacht.

Wenn sich die Stille nun tief um uns breitet,
So lass uns hören jenen vollen Klang
Der Welt, die unsichtbar sich um uns weitet,
All deiner Kinder hohen Lobgesang.

Von guten Mächten wunderbar geborgen,
Erwarten wir getrost, was kommen mag.
Gott ist bei uns am Abend und am Morgen
Und ganz gewiss an jedem neuen Tag.

Dietrich Bonhoeffer

Nun lasst uns gehn und treten

Nun lasst uns gehn und treten
Mit Singen und mit Beten
Zum Herrn, der unserm Leben
Bis hierher Kraft gegeben.

Wir gehn dahin und wandern
Von einem Jahr zum andern,
Wir leben und gedeihen
Vom alten zu dem neuen.

Sprich deinen milden Segen
zu allen unsern Wegen,
lass Großen und auch Kleinen
die Gnadensonne scheinen!

Sei der Verlassnen Vater,
Der Irrenden Berater,
Der Unversorgten Gabe,
Der Armen Gut und Habe!

Und endlich, was das meiste,
Füll uns mit deinem Geiste,
Der uns hier herrlich ziere
Und dort zum Himmel führe!

Das alles woll'st du geben,
O meines Lebens Leben,
Mir und der Christenschare
Zum sel'gen neuen Jahre!

Paul Gerhardt

Freut euch des Herrn

Freut euch des Herrn, ihr Frommen,
und heißt mit lautem Jubelruf
das junge Jahr willkommen
und preist ihn, der den Frühling schuf!
Seht, wie im Blumenkleide
die Wiese lieblich prangt!
Nur der fühlt wahre Freude,
der Gott von Herzen dankt.
Auf, jeder pflügt und säe und singe froh dazu:
Ehr' sei Gott in der Höhe, auf Erden Fried und Ruh!

Samuel Gottlieb Bürde

Möge ein Engel vor dir hergehen

Möge ein Engel vor dir hergehen
und dir die Richtung weisen,
in der du Erfüllung findest
Schritt für Schritt.

Möge ein Engel hinter dir stehen,
um dir den Rücken zu stärken,
damit du aufrecht
und wahrhaftig leben kannst.

Möge dich ein Engel begleiten,
zu deiner Rechten und zu deiner Linken,
damit du bewahrt bleibst
vor den Angriffen derer,
die es nicht gut mit dir meinen.

Möge ein Engel unter dir stehen,
um dich zu tragen,
wenn du keinen festen Boden
mehr unter dir spürst.

Möge ein Engel in dir sein,
um deine Tränen zu trocknen
und dein Herz
mit dem Licht der Zuversicht zu erhellen.

Möge ein Engel über dir sein,
um dich zu behüten
vor den alltäglichen Gefahren,
damit kein Unheil dein Leben bedroht.

Mögen dich alle Engel des Himmels
mit ihrem Segen erfüllen und umhüllen
an allen Tagen deines Lebens
und in jeglicher Nacht.

Möge dein Herz
von innen her beflügelt sein
und deine Seele zum Schwingen bringen.

Mögen deine Füße
leichten Schrittes unterwegs sein
zu Versöhnung und Gerechtigkeit.

Mögen deine Augen
sich auf das Wesentliche konzentrieren
und die lichten Seiten
der Menschen entdecken,
die dir begegnen.

Mögen deine Hände segnen
und sich anderen Menschen
in versöhnlicher Absicht
entgegenstrecken.

Möge dein Mund
Worte der Freude finden und der Liebe,
die im Herzen eines anderen Menschen
ihr Ziel finden.

Möge dein Ohr
aufmerksam sein auf die Klänge der Musik
und auf die Worte und Töne,
die dein Leben erfrischen.

Mögest du
den Engeln in dir folgen
mit allen Sinnen
und in all deinem Tun

Christa Spilling-Nöker

Das neue Jahr

Das neue Jahr ist angekommen.
Haben wir uns vorgenommen,
Euch zu wünschen in der Zeit
Glück und Fried und Einigkeit.
So viel Tröpflein in dem Regen,
So viel Glück und so viel Segen
Soll euch Gott der Höchste geben.
Glückseliges neus Jahr!

Zwischen dem Alten
zwischen dem Neuen,
hier uns zu freuen,
schenkt uns das Glück.
Und das Vergangene
heißt mit Vertrauen
vorwärts zu schauen,
schauen zurück.

Johann Wolfgang von Goethe

Will das Glück nach seinem Sinn

Will das Glück nach seinem Sinn
Dir was Gutes schenken,
Sage Dank und nimm es hin
Ohne viel Bedenken.

Jede Gabe sei begrüßt,
Doch vor allen Dingen:
Das, worum du dich bemühst,
Möge dir gelingen.

Wilhelm Busch

Ein bisschen mehr

Ein bisschen mehr Friede und weniger Streit,
ein bisschen mehr Güte und weniger Neid,
ein bisschen mehr Liebe und weniger Hass,
ein bisschen mehr Friede – das wäre was.
Statt so viel Unrast ein bisschen mehr Ruh,
statt immer nur Ich ein bisschen mehr Du,
Statt Angst und Hemmung ein bisschen mehr Mut
und Kraft zum Handeln – das wäre gut.
In Trübsal und Dunkel ein bisschen mehr Licht,
kein quälend Verlangen, ein bisschen Verzicht,
und viel mehr Blumen, solange es geht,
nicht erst an Gräbern – da blüh'n sie zu spät.

Ziel sei der Friede des Herzens.
Besseres weiß ich nicht.

Peter Rosegger

Ein Jahr des Lichtes

Das neue Jahr sei ein Jahr des Lichtes, der Liebe und des Schaffens.
Bringe den Menschen die Krone des Lebens und lasse die Kronen dieses Lebens menschlich sein.
Setze dem Überfluss Grenzen und lasse die Grenzen überflüssig werden.
Gib allem Glauben seine Freiheit und mache die Freiheit zum Glauben aller.
Nimm den Ehefrauen das letzte Wort und erinnere die Ehemänner dagegen an ihr erstes.
Lasse die Leute kein falsches Geld machen, aber auch das Geld keine falschen Leute.
Gib den Regierungen ein besseres Deutsch und den Deutschen bessere Regierungen.
Schenke unseren Freunden mehr Wahrheit und der Wahrheit mehr Freunde.
Gib den Gutgesinnten eine gute Gesinnung; lasse die Wissenschaft Wissen schaffen.
Und lasse die, die rechtschaffen sind, auch Recht schaffen.
Lasse uns nicht vergessen, dass wir alle von Gottes Gnaden sind und dass alle allerhöchsten Menschen Demokraten waren.
Gib unserem Verstand Herz und unserem Herzen Verstand, auf dass unsere Seele schon hier selig wird.

Sorge dafür, dass wir alle in den Himmel kommen – aber noch lange nicht!

Wünsche eines Dorfpfarrers aus Mecklenburg

Vertrau auf Gott

Vertrau auf Gott und eigne Kraft
Und nicht auf fremde Mächte;
Wer jeden Tag das Rechte schafft,
Der schafft im Jahr das Rechte.

Es frommt nicht, dass du zagst und klagst:
Wenn rückwärts ohne Reue
Ins alte Jahr du blicken magst,
So zieh mit Mut ins neue.

Friedrich Wilhelm Weber

Wir tragen dein Licht

Wir tragen dein Licht, wir tragen dein Licht, in die Welt hinein,
dann wird es nicht länger, dann wird es nicht länger, länger mehr dunkel sein.

Von einer Hand zur andern Hand geht dein Licht über unser Land.
Von einer Hand zur andern Hand über unser Land.

Wir tragen dein Licht, wir tragen dein Licht in die Welt hinaus
und tragen es weiter, und tragen es weiter, weiter von Haus zu Haus.

Von einer Hand zur andern Hand geht dein Licht über unser Land.
Von einer Hand zur andern Hand über unser Land.

Es leuchtet dein Licht, es leuchtet dein Licht in der Dunkelheit
und schenkt neuen Mut, und schenkt neuen Mut, Mut und Geborgenheit.

Von einer Hand zur andern Hand geht dein Licht über unser Land.

Von einer Hand zur andern Hand über unser Land.

Rolf Krenzer

Neu anfangen

Man sagt, heute sei Neujahr. Punkt 24 Uhr sei die Grenze zwischen dem alten und dem neuen Jahr. Aber so einfach ist das nicht. Ob ein Jahr neu wird, liegt nicht am Kalender, nicht an der Uhr. Ob ein Jahr neu wird, liegt an uns. Ob wir es neu machen, ob wir neu anfangen zu denken, ob wir neu anfangen zu sprechen, ob wir neu anfangen zu leben.

Johann Wilhelm Wilms

Quellenverzeichnis

Bernet, Elisabeth Loben will ich – seine große Sehnsucht, ©bei der Autorin

Bonhoeffer, Dietrich Von guten Mächten, aus: Dietrich Bonhoeffer, Widerstand und Ergebung, ©1998, Gütersloher Verlagshaus, Gütersloh, in der Verlagsgruppe Random House GmbH

Drewermann, Eugen Wir sind ihm nötig, aus: Eugen Drewermann, Leise von Gott reden, ©Patmos Verlag der Schwabenverlag AG, Ostfildern 2006, 2. Auflage, www.verlagsgruppe-patmos.de

Kohler, Oliver Spuren im Schnee, ©beim Autor

Krenzer, Rolf Wir tragen dein Licht, ©Rolf Krenzer Erben, Dillenburg

Roeckner, Margret Das Gotteskind, ©bei der Autorin

Schneider, Nikolaus „Barmherzigkeit üben, Gerechtigkeit suchen" und „Weihnachtspredigt", ©Kirchenamt der EKD und Dr. h. c. Nikolaus Schneider

Schwarz, Andrea Ein Weg fängt an, aus: Andrea Schwarz, Wenn ich meinem Dunkel traue, Herder Verlag, 1997 Freiburg i. Br., mit freundlicher Genehmigung von Verlag Herder GmbH

Spilling-Nöker, Christa Möge ein Engel vor dir hergehen, aus: dies., Komm, mein Engel, komm, ©2005 Verlag am Eschbach der Schwabenverlag AG, Eschbach / Markgräflerland 6. Auflage

Spilling-Nöker, Christa Wunschzettel, ©bei der Autorin

Stutz, Pierre So werden, wie ich von Anfang an gemeint bin, aus: Pierre Stutz, Weihnachten – unserer Sehnsucht folgen, Herder Verlag, 2002 Freiburg i. Br., S. 17/18, mit freundlicher Genehmigung von Verlag Herder GmbH

Zink, Jörg Gott wird Mensch, aus: Jörg Zink, Ruf in die Freiheit, ©2007, Gütersloher Verlagshaus, Gütersloh, in der Verlagsgruppe Random House GmbH

Zink, Jörg Zeit und Ewigkeit, aus: Jörg Zink, Gotteswahrnehmung, ©2009, Gütersloher Verlagshaus, Gütersloh, in der Verlagsgruppe Random House GmbH